tous
SIONNÉS
HOCKEY
2

Eric Zweig

Illustrations de
Lorna Bennett

Texte français de Gilles Terroux

Éditions Scholastic

À Amanda, qui continue à préférer
— *Eric*

Références photographiques : Couverture et p. 14 et 24 : Getty Im
pétrolière impériale-Turofsky/Temple de la renommée du hockey; p. 3
renommée du hockey; p. 49 : Doug MacLellan/ Temple de la renom
NHLI via Getty Images; p. 77 : Mike Bolt/Temple de la renomm
Portnoy/Temple de la renommée du hockey; p. 95 : Miles Nadal/Temp

Copyright © Eric Zweig, 2008, pour le texte.
Copyright © Scholastic Canada Ltd., 2008, pour les illustr
Copyright © Éditions Scholastic, 2008, pour le texte françai
Tous droits réservés.

Catalogage avant publication de Bibliothèque et Archives Canada
Zweig, Eric, 1963-
De tout pour les passionnés de hockey 2 / Eric Zweig ; texte français
de Gilles Terroux.

Traduction de: Hockey trivia for kids 2.

ISBN 978-0-545-99400-2

1. Hockey--Miscellanées--Ouvrages pour la jeunesse. 2. Ligue
nationale de hockey--Miscellanées--Ouvrages pour la jeunesse.

I. Terroux, Gilles, 1943- II. Titre.

GV847.25.Z94314 2008   j796.962   C2008-901874-5

Il est interdit de reproduire, d'enregistrer ou de diffuser, en tout ou en partie, le
présent ouvrage par quelque procédé que ce soit, électronique, mécanique,
photographique, sonore, magnétique ou autre, sans avoir obtenu au préalable
l'autorisation écrite de l'éditeur. Pour la photocopie ou autre moyen de
reprographie, on doit obtenir un permis auprès d'Access Copyright,
Canadian Copyright Licensing Agency, 1, rue Yonge, bureau 800,
Toronto (Ontario) M5E 1E5 (téléphone : 1-800- 893-5777).

Édition publiée par les Éditions Scholastic, 604, rue King Ouest,
Toronto (Ontario) M5V 1E1 CANADA.

6 5 4 3 2 1   Imprimé au Canada   08 09 10 11 12

INTRODUCTION

La rédaction d'un livre représente beaucoup de travail. Pour un ouvrage comme celui-ci, j'essaie de me rappeler les histoires qui m'intéressaient lorsque j'étais enfant. Puis je me mets à la recherche des détails dans les journaux, sur Internet et dans les livres de records. J'écoute aussi les anecdotes qu'on raconte à la télévision sur le bon vieux temps du hockey. La collecte des renseignements est amusante, mais en faire le tri exige beaucoup de travail.

Sans en avoir la certitude absolue, je croyais avoir bien réussi le premier ouvrage, *De tout pour les passionnés de hockey*.

La maison d'édition en semblait satisfaite. C'était bon signe. Mais cela n'aurait pas été suffisant si le livre n'avait pas plu aux garçons et aux filles pour lesquels il avait été écrit. Heureusement, ils l'ont aimé aussi, d'après les nombreux commentaires que m'ont faits, depuis, des enfants et des parents. Alors on m'a demandé d'en écrire un autre.

Je persiste à croire que les gens raffolent du hockey parce que c'est un sport très divertissant. Excitant pour les joueurs comme pour les spectateurs, on s'amuse même à lire sur le hockey! Et même si la plupart d'entre nous ne participeront jamais à un match de la LNH ni des Jeux olympiques, nous pourrons continuer à apprécier le hockey pendant encore longtemps.

Toutes sortes de rondelles

Tout le monde sait que les véritables rondelles de hockey sont faites de caoutchouc. Mais si on joue seulement pour le plaisir, beaucoup d'objets peuvent les remplacer. Une rondelle en plastique peut servir pour le hockey en salle. On peut utiliser une balle de tennis pour le hockey dans la rue. Et, sur un lac gelé, pourquoi pas une petite boîte de conserve? Cependant, il faut parfois se montrer très créatif. C'était particulièrement vrai lors des débuts du hockey. À l'époque, on utilisait parfois un morceau de charbon comme rondelle. Mais ce n'était pas toujours une bonne idée parce que le charbon était précieux . . . et qu'il avait tendance à se briser en mille morceaux. Un bout de branche sciée faisait aussi bien

l'affaire et était moins dispendieux. Il existait aussi un autre genre de rondelle qui ne coûtait absolument rien. Crois-le ou non, mais du temps où les gens se déplaçaient dans les rues en voitures tirées par des chevaux, on se servait de crottin gelé en guise de rondelle de hockey. Beurk!

Quelle famille!

La plus grosse famille de l'histoire de la LNH est la famille Sutter de Viking, en Alberta. Six frères Sutter ont évolué dans la LNH, dont les jumeaux Rich et Ron. Les autres sont Brent, Brian, Darryl et Duane.

Élevés dans une ferme en Alberta, les Sutter se sont toujours encouragés les uns les autres dans tout ce qu'ils ont entrepris, et particulièrement au hockey. Ils n'étaient pas les plus talentueux, mais ils travaillaient fort. Gary était l'aîné des garçons, et le meilleur selon ses six frères, mais il a abandonné le hockey très tôt pour aider à diriger la ferme. C'est Brian qui a d'abord joué dans la LNH et a ouvert la voie à ses cinq frères. Brian a été repêché par les Blues de St. Louis en 1976 et a amorcé sa carrière dans la LNH l'année suivante.

Au chapitre des statistiques, c'est Brent qui a été le plus productif de la famille. Il a disputé 1111 matchs et a marqué 363 buts. Si on évalue plutôt le succès en termes de conquêtes de la Coupe Stanley, la palme revient à Duane. Il a gagné le célèbre trophée quatre années de suite avec les Islanders de New York, au début des années 1980. Brent était l'un de ses coéquipiers, au cours de deux de ces années.

Vedettes instantanées

Chaque année, des douzaines de joueurs font leurs débuts dans la LNH, mais la plupart d'entre eux ne jouent pas régulièrement. Par contre, il arrive qu'une recrue connaisse une saison spectaculaire et s'élève aussitôt au rang de supervedette. La saison 2005-2006 de la LNH a été remarquable puisqu'on a pu assister à deux performances hors de l'ordinaire de la part de joueurs recrues.

Sidney Crosby n'avait que 17 ans lorsque les Penguins de Pittsburgh en ont fait le tout premier choix du repêchage amateur de 2005. Deux mois après avoir fêté ses 18 ans, Crosby a récolté deux mentions d'aide au cours de ses deux premiers matchs dans la LNH. Puis, lors de son troisième match, il a marqué son premier but, une façon encourageante d'entamer la saison et de commencer une carrière.

À la fin de la saison 2005-2006, Crosby avait marqué 39 buts et obtenu 61 mentions d'aide, pour un total de 102 points. Il devenait ainsi le plus jeune joueur de l'histoire de la LNH à connaître une saison de 100 points, et seulement la septième recrue à réussir cet exploit. Et pourtant, le titre de meilleur pointeur chez les recrues de la LNH a échappé à Crosby cette saison-là! Le titre est plutôt allé à Alex Ovechkin qui a, lui aussi, commencé sa carrière comme un lion.

Tout comme Crosby, Ovechkin avait été un premier choix au repêchage de la LNH lorsque les Capitals de Washington l'avaient sélectionné en 2004. Bien que de deux ans l'aîné de Crosby, Ovechkin n'a fait ses débuts dans la ligue que le 5 octobre 2005, en raison du lock-out de la saison 2004-2005. Il ne s'est pas contenté de marquer un but à son tout premier match; il en a marqué deux!

La première saison d'Ovechkin a été encore plus spectaculaire que celle de Crosby. Avec ses 52 buts, il est devenu la quatrième recrue dans l'histoire à connaître une saison d'au moins 50 buts. Et avec ses 54 mentions d'aide, il a cumulé un total de 106 points.

Pas si mal pour deux jeunes recrues!

Le savais-tu?

Lorsque Wayne Gretzky a commencé à jouer au hockey, il portait le n° 9 en l'honneur de Gordie Howe, son joueur préféré. Ce n'est qu'au sein de l'équipe junior des Greyhounds de Sault Ste. Marie qu'il a commencé à porter le n° 99. Le n° 9 étant déjà porté par un autre joueur, Gretzky a dû en choisir un autre. Il a porté le 14, puis le 19 avant d'arrêter son choix sur le 99.

Les chroniques de la coupe

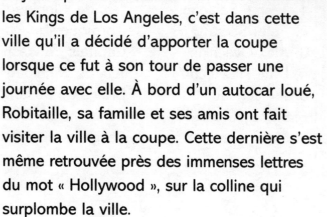

Luc Robitaille jouait pour les Red Wings de Detroit lorsqu'il a enfin remporté la Coupe Stanley en 2002. Comme il avait passé la majeure partie de sa carrière avec les Kings de Los Angeles, c'est dans cette ville qu'il a décidé d'apporter la coupe lorsque ce fut à son tour de passer une journée avec elle. À bord d'un autocar loué, Robitaille, sa famille et ses amis ont fait visiter la ville à la coupe. Cette dernière s'est même retrouvée près des immenses lettres du mot « Hollywood », sur la colline qui surplombe la ville.

En chiffres

Voici les sept recrues de la LNH qui ont connu une saison d'au moins 100 points :

Joueur	Équipe
1. Teemu Selanne	Jets de Winnipeg
2. Peter Stastny	Nordiques de Québec
3. Alex Ovechkin	Capitals de Washington
4. Dale Hawerchuk	Jets de Winnipeg
5. Joe Juneau	Bruins de Boston
6. Sidney Crosby	Penguins de Pittsburgh
7. Mario Lemieux	Penguins de Pittsburgh

Année	B	A	PTS
1992-1993	76	56	132
1980-1981	39	70	109
2005-2006	52	54	106
1981-1982	45	58	103
1992-1993	32	70	102
2005-2006	39	63	102
1984-1985	43	57	100

Retour en force

Lors de la finale de la Coupe Stanley, en 1942, les Maple Leafs de Toronto ont surmonté un déficit de trois matchs contre les Red Wings de Detroit et ont mis la main sur le trophée en remportant les quatre matchs suivants. Aucune autre équipe n'a gagné la coupe après avoir perdu les trois premiers matchs de la finale.

Place aux femmes

En décembre 2007, la Fédération internationale de hockey sur glace a annoncé que trois femmes allaient être admises à son Temple de la renommée. Les Canadiennes Angela James et Geraldine Heany ainsi que l'Américaine Cammi Granato ont été officiellement intronisées en mai 2008.

Le savais-tu?

La tradition du choix des trois étoiles à la fin d'un match remonte à la saison 1936-1937. Cette année-là, la Compagnie pétrolière impériale, devenue la commanditaire principale de La Soirée du hockey à la radio, a eu l'idée de désigner trois étoiles, dans le but de promouvoir sa marque d'essence « 3 Star » (3 étoiles) vendue dans les stations Esso.

Les chroniques de la coupe

En février 2000, la Coupe Stanley était présente au tournoi de hockey des Premières Nations, à Rankin Inlet, au Nunavut. Même si le mercure oscillait autour de - 65 °C, certains spectateurs ont parcouru près de 400 kilomètres en motoneige pour voir la coupe. Pendant son séjour, la coupe a été promenée dans la ville et a même fait une courte halte dans un igloo.

Un premier but...
ou pas?

Patrick Kane a été le premier choix du repêchage amateur de la LNH en 2007. Il a joué son premier match avec les Blackhawks de Chicago, le 4 octobre 2007, et a marqué son premier but à son deuxième match, deux jours plus tard. Ou peut-être pas...

Inscrit en fusillade, Kane a marqué un but qui a permis aux Hawks de vaincre les Red Wings de Detroit, 4 à 3. Cependant, puisque les buts marqués en fusillade ne comptent pas comme buts officiels, le but victorieux de Kane ne figure nulle part dans les statistiques de la LNH! Son premier but officiel est survenu deux semaines plus tard, le 19 octobre, contre l'Avalanche du Colorado.

Le savais-tu?

Lors d'une fusillade dans la LNH, c'est à l'équipe locale de décider si ses joueurs vont lancer en premier.

Un jeune capitaine

Lorsque les Penguins de Pittsburgh ont apposé le « C » sur son chandail, le 31 mai 2007, Sidney Crosby est devenu, à 19 ans et neuf mois, le plus jeune capitaine de l'histoire de la LNH. Avant Crosby, le plus jeune capitaine avait été Vincent Lecavalier, âgé de 19 ans et 10 mois. Ce dernier avait été nommé capitaine du Lightning de Tampa Bay, vers la fin de la saison 1999-2000.

Sidney Crosby lors de son premier match en qualité de capitaine, le 5 octobre 2008.

Le savais-tu?

Le 21 décembre 1937, Paul Thompson, des Blackhawks de Chicago, a logé la rondelle derrière le gardien de but des Bruins de Boston, Cecil « Tiny » Thompson. Il est ainsi devenu le premier joueur de l'histoire de la LNH à réussir un but contre son frère. Paul a privé son frère aîné d'un jeu blanc alors qu'il restait neuf secondes à jouer, mais c'est quand même Tiny qui a remporté la victoire, 2 à 1.

Le savais-tu?

Willie O'Ree est devenu le premier joueur noir de l'histoire de la LNH lorsqu'il a participé à deux matchs avec les Bruins de Boston, les 18 et 19 janvier 1958. Il a aussi joué 43 matchs avec les Bruins durant la saison 1960-1961.

Même si sa carrière dans la LNH a été de courte durée, O'Ree a connu une longue carrière dans le hockey professionnel, qui s'est échelonnée de 1955 à 1979. De 1961 à 1962 et de 1973 à 1974, O'Ree était considéré comme l'un des joueurs les meilleurs et les plus populaires de la Ligue de l'Ouest, un important circuit mineur. Peu de gens le savaient à l'époque, mais ce qu'il y a eu de plus remarquable dans la carrière de O'Ree est le fait qu'il était presque complètement aveugle d'un œil. Atteint

à l'œil droit par une rondelle, durant
un match de la saison 1955-1956,
O'Ree a perdu 95 % de sa vision dans
cet œil. Les médecins lui avaient dit
qu'il ne jouerait plus jamais au hockey.
Cependant, huit semaines plus tard,
O'Ree était de retour au jeu.

En 1998, bien après la fin de sa
carrière, Willie O'Ree a été nommé
directeur du développement des jeunes,
au sein du groupe de travail sur la
diversité, parrainé par la LNH et
USA Hockey.

Willie O'Ree

La loi, c'est la loi!

Wayne Gretzky détient plusieurs records de la LNH, mais quelques-uns lui ont échappé en raison de certains règlements.

Gretzky a connu un début de carrière fulgurant dans la LNH en récoltant 137 points dès sa première saison, en 1979-1980, un exploit qui ne lui a toutefois pas valu le trophée Calder, attribué à la recrue par excellence. En effet, la LNH ne le considérait pas comme une recrue parce qu'il avait passé la saison précédente dans la ligue rivale, l'Association mondiale de hockey (AMH).

Un autre règlement de la ligue a empêché Gretzky de devenir le plus jeune joueur de l'histoire à remporter le trophée Art Ross, remis au champion pointeur. Avec ses 137 points en 1979-1980, Gretzky a terminé la saison au premier rang des pointeurs, avec le vétéran Marcel Dionne, qui en avait obtenu le même nombre. Or, le règlement stipule qu'en cas d'égalité, le trophée va à celui qui a marqué le plus de buts. Le trophée Art Ross a donc été remis à Dionne, qui avait marqué 53 buts, alors que Gretzky n'en avait marqué que 51.

Gretzky a remporté le trophée Art Ross la saison suivante, à l'âge de 19 ans. Sidney Crosby avait aussi 19 ans lorsqu'il a gagné ce trophée en 2006-2007. Cependant, Gretzky est né le 26 janvier 1961, et Crosby, le 7 août 1987. Plus jeune de sept mois et demi, Crosby est donc le plus jeune de l'histoire à avoir remporté le trophée Art Ross.

Le savais-tu?

La course au championnat des pointeurs s'est terminée par une égalité à deux autres reprises. Bobby Hull et Andy Bathgate ont tous deux récolté 84 points en 1961-1962. C'est Hull qui a remporté le trophée Art Ross cette année-là parce qu'il avait marqué 50 buts contre seulement 28 pour Bathgate. En 1994-1995, Jaromir Jagr et Eric Lindros ont tous deux cumulé 70 points, mais une fois de plus, les 32 buts de Jagr ont prévalu sur les 29 de Lindros.

Une affaire de famille

Les talents athlétiques sont de famille chez les Ovechkin. Le père d'Alex, Mikhail, a été un joueur de soccer professionnel en Russie, et sa mère, Tatiana, a gagné une médaille d'or en basket-ball féminin, aux Jeux olympiques de 1976 et de 1980.

Meilleur avec l'âge

Une saison de 50 buts a toujours été considérée comme une étape importante à franchir. Beaucoup des plus grands joueurs ont réussi l'exploit, mais certains ont mis plus de temps que d'autres à y parvenir. Le plus vieux marqueur de 50 buts a été John Bucyk. Il avait 35 ans lorsqu'il a réussi 51 buts avec les Bruins de Boston, en 1970-1971. Teemu Selanne a failli réussir l'exploit lorsqu'il a marqué 48 buts à l'âge de 36 ans, en 2006-2007.

D'autres n°s 99

Au début de la carrière de Wayne Gretzky, deux autres joueurs de la LNH portaient le n° 99. Wilf Paiement l'a porté avec les Maple Leafs de Toronto, de 1979 à 1982, et Rick Dudley a fait de même avec les Jets de Winnipeg, en 1980-1981. En 1934-1935, trois joueurs différents, Léo Bourgault, Desse Roche et Joe Lamb, ont porté le n° 99 avec le Canadien de Montréal . . . tous au cours de la même saison!

Le champion des champions

Henri Richard détient plus de bagues de la coupe Stanley qu'il ne possède de doigts! Aucun autre joueur de la LNH n'a remporté la Coupe Stanley plus souvent que lui. En 20 saisons avec le Canadien de Montréal (de 1955-1956 à 1974-1975), il l'a gagnée 11 fois. Son coéquipier Jean Béliveau, pour sa part, a remporté la Coupe Stanley à 10 reprises, bien que son nom y ait été gravé 17 fois. Pourquoi? Après sa carrière de joueur, Béliveau était membre de la direction du Canadien lorsque l'équipe a remporté le trophée à sept autres reprises.

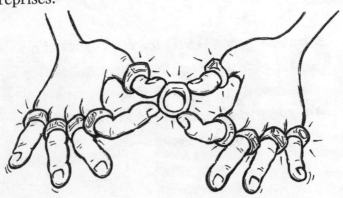

Le savais-tu?

La LNH a modifié le règlement des pénalités mineures avant le début de la saison 1956-1957. Jusque-là, le joueur puni devait demeurer au banc pendant la totalité de sa pénalité de deux minutes, peu importe le nombre de buts marqués pendant qu'il s'y trouvait. La nouvelle règle permet au joueur de retourner sur la patinoire dès qu'un but est marqué.

Qu'est-ce qui a mené à ce changement? L'attaque à cinq du Canadien de Montréal était trop dévastatrice! Un exemple : le 5 novembre 1955, lors d'un match contre les Bruins de Boston, Jean Béliveau a marqué trois buts en 44 secondes, pendant un avantage numérique. Aïe!

Sur les traces du Rocket

En 2006-2007, Vincent Lecavalier est devenu le premier joueur canadien français à remporter le trophée Maurice « Rocket » Richard, offert à la LNH par le Canadien de Montréal en 1999. Ce trophée est remis chaque année au joueur qui marque le plus grand nombre de buts. Maurice Richard, une véritable légende au Québec, a été la grande vedette du Canadien de 1942 à 1960. Il a été le premier joueur à marquer 50 buts en une saison et le premier à atteindre le plateau des 500 buts lors de sa carrière.

Vincent Lecavalier reçoit le trophée Maurice « Rocket » Richard. Il est en compagnie du frère du « Rocket », Henri.

Ça fait mal!

Au sommet de sa carrière, dans les années 1960, Bobby Hull possédait le tir le plus puissant de la LNH. Et peut-être même le plus puissant de tous les temps. À cette époque, les appareils de mesure de la vitesse n'étaient pas aussi précis que ceux d'aujourd'hui, mais on dit que ses tirs pouvaient atteindre 193 km/h!

Vif comme l'éclair

Le tour du chapeau le plus rapide de l'histoire de la LNH a été réalisé en l'espace de 21 secondes. Bill Mosienko, des Blackhawks de Chicago, a marqué un premier but à 6 min 9 s, un deuxième à 6 min 20 s et un troisième à 6 min 30 s de la troisième période d'un match contre les Rangers de New York, le 23 mars 1952. L'exploit de Mosienko a permis au Hawks de l'emporter 7 à 6.

Près de 55 ans plus tard, le 19 février 2007, Ryan Malone, des Penguins de Pittsburgh, a réussi un tour du chapeau unique en son genre. Malone a marqué chacun de ses trois buts durant la première minute de chaque période, soit à la 45e seconde de la première période, à la 49e seconde de la deuxième et à la 48e seconde de la troisième période.

C'est quand, ta fête?

Sidney Crosby, Vincent Lecavalier, Patrick Kane et Wayne Gretzky ne sont que quelques-uns des joueurs qui sont entrés dans la LNH à l'âge de 18 ans.

Mais peux-tu imaginer un joueur qui y parviendrait avant d'avoir célébré cinq anniversaires de naissance? Et qui accéderait au Temple de la renommée avant même son 11e anniversaire? Impossible? Eh bien, cela s'est déjà produit . . . en quelque sorte. Henri Richard est né le 29 février 1936, une année bissextile. Ainsi, lorsque le frère cadet de Maurice Richard est entré dans la LNH, il n'avait fêté son anniversaire que quatre fois . . . même si, en réalité, il avait 19 ans.

Henri Richard avait 43 ans lorsqu'il a été intronisé au Temple de la renommée en 1979 . . . un an avant de célébrer son « 11e » anniversaire de naissance.

En chiffres

Red Kelly a remporté la Coupe Stanley quatre fois avec les Red Wings de Detroit, dans les années 1950, et quatre autres fois avec les Maple Leafs de Toronto, dans les années 1960. Parmi les joueurs qui revendiquent le plus de conquêtes de la Coupe Stanley, il est le seul à ne pas l'avoir remportée avec le Canadien de Montréal.

Voici la liste de ceux qui ont remporté la coupe le plus souvent :

Joueur	Nombre de fois
Henri Richard	11
Jean Béliveau	10
Yvan Cournoyer	10
Claude Provost	9
Red Kelly	8
Maurice Richard	8
Jacques Lemaire	8
Serge Savard	7
Jean-Guy Talbot	7

Le savais-tu?

Fred Sasakamoose est reconnu comme étant le premier membre des Premières Nations à avoir évolué dans la LNH. Il a joué 11 matchs dans l'uniforme des Blackhawks de Chicago en 1953-1954, et a fait ses débuts au Maple Leaf Gardens de Toronto, le 27 février 1954. Sasakamoose, un Cri, est né le 25 décembre 1933, dans la réserve de Sandy Lake, en Saskatchewan. Il a été intronisé au Temple de la renommée des sports de cette province en 2007.

Toutefois, certains prétendent qu'un autre membre des Premières Nations a joué dans la LNH en 1918-1919. Paul Jacobs, un Mohawk de Kahnawake, au Québec, a participé au camp d'entraînement des Arenas de Toronto en 1918, mais on ignore s'il a joué un match. *D'autres croient que Bud Maracle, qui a joué 11 matchs avec les Rangers de New York en 1930-1931, était d'origine amérindienne. On dit que le nom d'une ancienne équipe de hockey mineur, les Indians de Springfield, avait été choisi parce que Maracle avait été l'un des joueurs de la formation originale.*

Ça va plus vite ainsi

Sept joueurs dans l'histoire de la LNH ont accédé au club sélect des marqueurs de 500 buts en réussissant un tour du chapeau. Le premier a été Jean Béliveau en 1971. Les autres sont Wayne Gretzky, Mario Lemieux, Mark Messier, Brett Hull, Jaromir Jagr et Mats Sundin.

Les chroniques de la coupe

Les Rangers de New York ont mis fin à 54 ans de défaite lorsqu'ils ont remporté la Coupe Stanley en 1994. En guise de célébration, les joueurs de l'équipe ont trimbalé la coupe partout dans la ville. La rumeur veut qu'Ed Olczyk se soit rendu à la piste de courses Belmont et ait laissé le gagnant du derby du Kentucky, *Go For Gin*, manger à même la coupe! Olczyk est un grand amateur de courses de chevaux et bien qu'il avoue s'être rendu à la piste de courses avec la coupe, il affirme qu'aucun cheval n'y a mangé devant lui.

Question de nom

Avant d'adopter le nom « Hurricanes de la Caroline », cette équipe portait celui de « Whalers de la Nouvelle-Angleterre », dans l'Association mondiale de hockey. Ce nom avait été choisi pour deux raisons : le mot « Whalers » contenait les lettres de l'acronyme de la ligue (*WHA*, en anglais), et la pêche à la baleine (*whale*, en anglais) avait été, à une certaine époque, une activité populaire dans la région de Boston. À son entrée dans la LNH en 1979-1980, l'équipe a pris le nom « Whalers de Hartford ».

En 1997, les Whalers ont déménagé à Raleigh, en Caroline du Nord, et ont alors adopté le nom « Hurricanes » en raison des ouragans (*hurricanes*, en anglais) qui frappent souvent cette région.

Plutôt deux fois qu'une

Dans l'histoire de la LNH, cinq joueurs seulement ont vu le numéro de leur chandail retiré par deux équipes différentes :

Joueur	Numéro	Équipes
Gordie Howe	9	Red Wings de Detroit Whalers de Hartford
Bobby Hull	9	Blackhawks de Chicago Jets de Winnipeg/Coyotes de Phoenix
Raymond Bourque	77	Bruins de Boston Avalanche du Colorado
Mark Messier	11	Oilers d'Edmonton Rangers de New York
Wayne Gretzky	99	Oilers d'Edmonton Rangers de New York

Les trois Denis

Avant d'accéder à la LNH, le futur membre du
Temple de la renommée Denis Savard faisait déjà
partie d'un trio célèbre avec le Canadien junior de
Montréal. Savard jouait au centre du trio qui
comprenait aussi Denis Cyr et Denis Tremblay. On
les surnommait « Les trois Denis ». Non seulement
ils portaient le même prénom, mais ils étaient tous
nés le même jour, le 4 février 1961, et avaient
grandi à quelques rues les uns des autres, dans le
quartier Verdun, à Montréal.

Les chroniques de la coupe

Mark Messier est l'unique joueur de l'histoire de la LNH à avoir été capitaine de deux équipes différentes lorsque celles-ci ont remporté la Coupe Stanley. Messier était capitaine des Oilers d'Edmonton lorsque l'équipe a gagné la coupe en 1990 et était aussi capitaine des Rangers de New York lorsque cette équipe a remporté la finale en 1994.

Le savais-tu?

Chaque numéro, de 0 et 00 jusqu'à 99, a été porté dans au moins un match de la LNH. Ce fait a été établi lorsque la recrue Guillaume Latendresse a endossé le chandail n° 84 du Canadien de Montréal, en 2006-2007.

Question de nom

Avant de s'établir en Arizona, les Coyotes de Phoenix étaient les Jets de Winnipeg. Le nom « Jets » avait été celui d'une équipe junior de Winnipeg. Le propriétaire de l'équipe, Ben Hatskin, était un ami et un admirateur du propriétaire des Jets de New York, de la Ligue nationale de football. Le nom est resté lorsque l'équipe s'est jointe à l'Association mondiale de hockey, puis à la LNH. Lorsque les Jets ont déménagé à Phoenix en 1996, le nom « Coyotes » a été choisi à la suite d'un concours, ces animaux étant très nombreux dans le désert de l'Arizona.

Un 500ᵉ facile

Trois des plus grands marqueurs du hockey ont réussi leur 500ᵉ but dans un filet désert : Mike Bossy, Wayne Gretzky et Jari Kurri.

Le n° 4, Bobby Orr

Bobby Orr n'a pas toujours porté le n° 4 lorsqu'il jouait avec les Bruins de Boston, dans les années 1960 et 1970. On lui avait d'abord assigné des numéros différents. Il a porté le n° 30 au cours de son premier camp d'entraînement, puis le 27 lors des matchs hors-concours. À l'époque, c'était Albert « Junior » Langlois qui portait le n° 4 à Boston. Lorsque Langlois a été cédé aux ligues mineures après avoir été blessé, Orr a demandé s'il pouvait avoir ce numéro. Orr avait porté le n° 2 chez les juniors, mais ce numéro avait été retiré par les Bruins en l'honneur du grand défenseur Eddie Shore. Comme le n° 3 avait aussi été retiré, Orr a dû se contenter du n° 4.

Bobby Orr, portant le numéro 27, en compagnie de Harry Sinden.

Le 500ᵉ but

En marquant un but le 19 octobre 1957, Maurice « Rocket » Richard, du Canadien de Montréal, est devenu le premier joueur de l'histoire à atteindre le plateau des 500 buts. Lorsqu'il a pris sa retraite en 1960, Richard avait marqué 544 buts.

Aujourd'hui, le record est de 894 buts et il revient à Wayne Gretzky, mais 500 demeure toujours un chiffre magique.

Trois fois le plus jeune

Jordan Staal était le plus jeune joueur de la LNH lors de sa première saison en 2006-2007, ayant célébré son 18ᵉ anniversaire quelques semaines avant le début de la saison. Le 21 octobre 2006, il est devenu le plus jeune joueur de l'histoire à marquer sur un tir de pénalité, puis le 10 février 2007, il est devenu le plus jeune à réussir un tour du chapeau.

En chiffres

Joe Malone a été l'un des plus grands marqueurs des débuts de l'histoire du hockey. Le 31 janvier 1920, il a même réussi sept buts dans un match, un record de la LNH qui tient toujours. Au fil des années, sept joueurs (dont Joe Malone) se sont rapprochés de ce score en marquant six buts.

Joueur	Équipe
Newsy Lalonde	Canadien de Montréal
Joe Malone	Bulldogs de Québec
*Corb Denneny	St. Pats de Toronto
Cy Denneny	Sénateurs d'Ottawa
Syd Howe	Red Wings de Detroit
Red Berenson	Blues de St. Louis
Darryl Sittler	Maple Leafs de Toronto

*Corb et Cy Denneny étaient des frères.

Date
10 janvier 1920
10 mars 1920
26 janvier 1921
7 mars 1921
3 février 1944
7 novembre 1968
7 février 1976

41

Des buts à la tonne

Le record de la LNH pour le plus grand nombre de buts en une seule période est de neuf. Ce sont les Sabres de Buffalo qui le détiennent. Ils ont marqué neuf fois en deuxième période du match qui a eu lieu le 19 mars 1981 contre les Maple Leafs de Toronto, ce qui leur a permis de remporter une victoire de 14 à 4.

Une denrée rare

Jusque dans les années 1960, chaque équipe de la LNH ne comptait qu'un seul gardien de but. Lorsque le gardien était blessé durant un match, le jeu était interrompu jusqu'à ce qu'il puisse reprendre sa place devant le filet. Si le gardien n'était pas en mesure de continuer, son équipe devait désigner un autre joueur pour le remplacer!

En 1950, la LNH a adopté un règlement stipulant que chaque équipe locale devait avoir un gardien de réserve pour chaque match. Ce gardien pouvait être appelé à dépanner l'une ou l'autre des équipes, en cas de blessure ou de maladie. Ces « gardiens maison » étaient souvent le soigneur de l'équipe ou le gardien d'une équipe amateur locale. Le plus célèbre de tous a été Ross « Lefty » Wilson, un ancien gardien des ligues mineures devenu adjoint au soigneur des Red Wings. Ross gardait souvent le filet pendant les périodes d'entraînement de l'équipe. À trois occasions, entre 1953 et 1957, Wilson a été appelé à participer à des matchs à l'Olympia de Detroit. Il a remplacé Terry Sawchuk, des Red Wings, et a aussi dépanné les Maple Leafs de Toronto et les Bruins de Boston. En 85 minutes de jeu, Wilson n'a laissé passer qu'un seul but!

Devant le filet

Le premier joueur appelé à remplacer un gardien de but dans un match de la LNH a été le défenseur Harry Mummery. Lors d'un match contre les Sénateurs d'Ottawa, le 4 février 1920, le gardien des Bulldogs de Québec, Frank Brophy, a été atteint d'un puissant tir dans la région du cœur. Il ne restait que deux minutes à jouer en deuxième période, mais Frank ne pouvait pas continuer. Mummery a donc terminé le match à sa place. Bombardé de 30 tirs, Mummery n'a laissé passer que trois buts, malgré tout les Sénateurs ont remporté le match 5 à 0. Plus tard dans la saison, Québec a utilisé Mummery pour deux matchs complets, toujours face aux Sénateurs. Le 8 mars, il a été déjoué 11 fois, mais deux jours plus tard, Mummery et les Bulldogs ont vaincu Ottawa 10 à 4.

Mummery a été utilisé comme gardien de but une dernière fois durant la saison 1921-1922, à nouveau contre Ottawa. À cette occasion, Mummery jouait pour les Tigers de Hamilton lorsque son coéquipier Howard Lockhart a été atteint à la figure par la rondelle, vers la fin de la première période (les gardiens jouaient sans masque à l'époque). Ottawa menait 4 à 1 lorsque Mummery a remplacé Lockhart. Les Sénateurs n'ont pu marquer que deux autres buts, et les Tigers sont revenus de l'arrière pour l'emporter 7 à 6 en prolongation.

Le savais-tu?

Lanny McDonald est l'unique joueur de l'histoire de la LNH à avoir marqué exactement 500 buts au cours de sa carrière. La vedette des Flames de Calgary a profité de la saison 1988-1989, la dernière de sa carrière, pour marquer son 500e but, récolter son 1000e point et remporter la Coupe Stanley.

Ce n'est pas la manière qui compte...

On ne peut pas dire que le 500ᵉ but de la carrière de Jeremy Roenick, le 17 novembre 2007, ait été spectaculaire. Roenick, qui se trouvait à la ligne bleue, a projeté la rondelle au fond du territoire des Coyotes de Phoenix. La rondelle a heurté la baie vitrée derrière le gardien Alex Auld, a rebondi sur le filet, a frappé le patin du gardien, a roulé vers la ligne des buts, puis a touché la lame du bâton d'Auld, avant de pénétrer enfin dans le filet.

Aucune comparaison

L'un des faits d'armes de Gordie Howe a été de jouer aux côtés de ses deux fils, Mark et Marty. Mais savais-tu qu'un frère de Gordie Howe avait aussi évolué dans la LNH? Vic Howe n'a pas eu le succès de son grand frère. En trois saisons dans les années 1950, Vic n'a joué que 33 matchs dans l'uniforme des Rangers de New York. Gordie a marqué 801 buts au cours de sa carrière dans la LNH, c'est-à-dire 798 de plus que Vic.

Tel père, tel fils

Bobby Hull et Brett Hull forment le seul duo père-fils de l'histoire du hockey à avoir marqué plus de 500 buts chacun, au cours de leur carrière. Brett en a marqué 741, et son père, Bobby, 610.

Le savais-tu?

De tous les duos père-fils qui ont joué dans la LNH, celui de Bobby et Brett Hull est le seul à avoir reçu le trophée Hart remis au joueur le plus utile à son équipe. Bobby l'a remporté en 1965 et en 1966, et Brett, en 1991.

Le savais-tu?

En 1964, pendant un match des séries éliminatoires, le gardien des Red Wings de Detroit, Terry Sawchuk, a été blessé et l'équipe a dû recourir aux services d'un gardien des ligues mineures, Robert Champoux. Même si les Red Wings l'ont emporté 5 à 4, la LNH a décidé qu'il fallait faire quelque chose pour remédier à une telle situation. Un nouveau règlement a donc été institué obligeant chaque équipe à avoir deux gardiens de but en uniforme lors des séries éliminatoires de 1965. Puis, avant le début de la saison 1965-1966, il a été décrété que chaque équipe devait compter deux gardiens pour chacun des matchs de la LNH.

Le frère de Bobby

L'un des fils de Bobby Hull a été une vedette du hockey, mais l'un de ses frères a aussi connu du succès dans ce sport. Dennis Hull a joué pendant 14 ans dans la LNH, de 1964 à 1978. Bobby et lui ont été coéquipiers pendant huit saisons, avec les Blackhawks de Chicago. Dennis a marqué 40 buts lors de sa meilleure saison, en 1970-1971, et en a réussi 303 dans toute sa carrière. Si on y ajoute les 610 buts de Bobby, les frères Hull ont atteint un total de 913 buts, un record pour deux frères dans l'histoire de la LNH.

Brett Hull recevant le trophée Art, avec son père Bobby.

Une joueuse de grande classe

Le 4 octobre 2006, Cassie Campbell est devenue la première femme analyste d'un match, à *Hockey Night in Canada*. Un an plus tard, à l'automne 2007, elle a été la première joueuse de hockey intronisée au Temple de la renommée des sports du Canada. Cassie Campbell avait mis un terme à sa carrière de joueuse en 2006, après avoir été capitaine de l'équipe olympique canadienne en 2002 et 2006.

Cassie Campbell commente *Hockey Night in Canada*.

Maurice Richard, Gordie Howe et Bobby Hull ont tous porté fièrement le chandail n° 9, mais aucun d'entre eux n'a commencé sa carrière avec ce numéro. Richard portait le n° 15 à son arrivée avec le Canadien, mais il a plus tard demandé à le remplacer par le n° 9 parce que son premier enfant pesait neuf livres à sa naissance. Après avoir porté le n° 17 à ses débuts avec les Red Wings de Detroit, Howe a demandé le n° 9 lorsqu'il a réalisé que les joueurs qui portaient les numéros les plus bas obtenaient les meilleurs sièges lorsque l'équipe voyageait en train. Hull, lui, a porté le n° 16, puis le 17, avant de choisir le n° 9.

Le p'tit frère de Gretzky

Wayne Gretzky a un frère qui a aussi joué dans la LNH. Brent Gretzky a disputé 10 matchs avec le Lightning de Tampa Bay en 1993-1994, puis trois autres la saison suivante, avant d'être renvoyé dans les ligues mineures. Brent Gretzky n'a marqué qu'un seul but dans la LNH.

Le savais-tu?

Dans l'histoire de la LNH, il est arrivé 25 fois qu'au moins deux joueurs d'une même équipe connaissent une saison de 50 buts. Cependant, seuls deux coéquipiers ont inscrit leur 50e but lors du même match. Mario Lemieux et Kevin Stevens ont réussi leur 50e but avec les Penguins de Pittsburgh, le 21 mars 1993.

Un gardien au cachot

Il n'y a pas que les blessures qui forçaient parfois un joueur à remplacer le gardien devant le filet. Dans les premières années de la LNH, un gardien devait aller au banc lorsqu'il écopait d'une pénalité. Dans cette situation, son équipe désignait un joueur pour le remplacer. À l'époque, un but en avantage numérique ne mettait pas fin à la pénalité et une équipe privée de son gardien pendant deux longues minutes pouvait en payer le prix.

Le match du 15 mars 1932, entre les Bruins de Boston et les Maple Leafs de Toronto, en est un bel exemple. Pendant une pénalité imposée à leur gardien, Lorne Chabot, au début de la première période, les Maple Leafs ont utilisé trois défenseurs différents pour le remplacer, mais les Bruins ont marqué un but contre chacun d'eux, pour ensuite remporter la victoire 6 à 2.

Le savais-tu?

Non seulement Wayne Gretzky, Jari Kurri et Glenn Anderson sont-ils les seuls coéquipiers à avoir marqué 50 buts chacun en une même saison, mais ils ont réussi l'exploit deux fois. Ils ont tous les trois marqué 50 buts avec les Oilers d'Edmonton en 1983-1984, puis en 1985-1986.

Talents multiples

Charlie Conacher, une ancienne vedette des Maple Leafs a été couronné champion marqueur cinq fois en six saisons, de 1930-1931 à 1935-1936, mais il était plus qu'un excellent marqueur. Quatre fois au cours de sa carrière, il a été appelé à remplacer son gardien de but blessé ou pénalisé. Il a gardé le filet pour un total de 10 minutes dans sa carrière, sans laisser passer un seul but.

Question de nom

À l'arrivée de l'équipe de Chicago dans la LNH en 1926, c'est le propriétaire Frederic McLaughlin qui en a choisi le nom. Pendant la Première Guerre mondiale, McLaughlin avait fait partie de la 86e division de l'armée américaine, qu'on appelait la division Black Hawks. (Une tribu amérindienne, les Black Hawks, vivait autrefois dans la région d'où venaient la plupart des soldats de cette division.) Jusqu'à la saison 1985-1986, on a écrit le nom de l'équipe en deux mots, « Black Hawks ».

Lester à la rescousse

Le cas le plus mémorable d'un remplacement de gardien de but est survenu pendant la finale de la Coupe Stanley de 1928. Cette fois-là, ce n'est pas un joueur qui a assumé la relève, mais plutôt l'entraîneur.

Les Rangers avaient perdu le premier match de la série contre les Maroons de Montréal. Le pointage était de 0 à 0 au milieu de la deuxième période du deuxième match lorsque le gardien des Rangers, Lorne Chabot, a été atteint d'un tir près de l'œil gauche et a dû être emmené à l'hôpital.

N'ayant aucun gardien de réserve, les Rangers ont demandé la permission d'utiliser Alec Connell, des Sénateurs d'Ottawa, qui était présent au match disputé à Montréal. Les Maroons ont refusé, disant que les Rangers devaient suivre le règlement et utiliser quelqu'un de leur propre équipe. L'entraîneur Lester Patrick s'est donc choisi pour prendre la relève.

Lester Patrick avait déjà été un défenseur

vedette et avait disputé sa dernière saison complète, à peine deux ans plus tôt. Son expérience comme gardien de but se limitait à 10 petites minutes, au cours de la saison 1921-1922. À 44 ans, Patrick avait-il une chance de repousser la puissante attaque des Maroons?

Appuyé par une défense hermétique, Patrick a repoussé tous les tirs des Maroons, sauf un. Les Rangers n'ayant marqué qu'un but eux aussi, il y a eu une période de prolongation. À 7 min 5 s de cette période, les Rangers ont marqué. Même les partisans des Maroons ont fait une ovation debout à Lester lorsque les Rangers ont quitté la patinoire.

À la suite du match, les Maroons ont permis aux Rangers d'utiliser Joe Miller, des Americans de New York, pour le reste de la série. Après une défaite de 2 à 0 au troisième match, Miller a enchaîné avec un jeu blanc, poussant la série trois de cinq à sa limite. Au cours du dernier match, Miller a été blessé à son tour, mais malgré une coupure et deux yeux au beurre noir, il a tenu le coup et a permis aux Rangers de remporter le match, 2 à 1, ainsi que la Coupe Stanley.

Sur mesure

Dans les premières années du hockey, les gardiens de but, tout comme les autres joueurs, ne portaient pas d'équipement de protection. Puis, au début des années 1890, les gardiens ont commencé à porter des jambières de cricket pour atténuer la douleur provoquée par les tirs. Ces jambières enroulées autour des jambes étaient si serrées qu'elles faisaient parfois dévier la rondelle dans le filet.

Dans les années 1920, des jambières spéciales, plus larges que celles de cricket, ont été conçues spécialement à l'intention des gardiens. Toutefois, afin d'éviter que les jambières soient trop larges et bloquent ainsi une trop grande partie du filet, la LNH a adopté, avant le début de la saison 1925-1926, un règlement limitant leur largeur à 30,5 centimètres. Le règlement a changé au fil des années jusqu'à ce que la ligue, après le lock-out de 2004-2005, limite à 28 centimètres la largeur des jambières, dans l'espoir de favoriser l'offensive.

Un bien jeune garçon

Armand « Bep » Guidolin n'avait que 16 ans quand il s'est retrouvé avec les Bruins de Boston en 1942-1943. C'était le plus jeune joueur dans l'histoire de la LNH . Beaucoup de jeunes ont eu l'occasion de jouer dans la LNH très tôt, car de nombreux joueurs de hockey plus âgés étaient partis rejoindre les forces armées à cette époque.

Question de nom

La ville de St. Louis, au Missouri, est notamment reconnue pour une musique appelée « blues ». Il y avait même, vers 1917, une chanson fort populaire, « The St. Louis Blues ». Elle avait été écrite par W.C. Handy, toujours considéré comme le « père du blues ». Il était donc de mise que l'équipe de hockey de cette ville adopte le nom « Blues de St. Louis ».

Le savais-tu?

Le 28 novembre 1979, Billy Smith, des Islanders de New York, a été le premier gardien de but de l'histoire de la LNH à être crédité d'un but. Smith n'avait pas réellement marqué de but, il avait plutôt été le dernier joueur des Islanders à toucher la rondelle avant qu'un joueur des Rockies du Colorado ne la lance accidentellement dans son propre filet.

Les jambières de Pop

Emil « Pop » Kenesky fabriquaient des harnais pour chevaux, à Hamilton, en Ontario. En 1917, il a lancé sa propre entreprise. Grand amateur de hockey, il a remarqué que la rondelle pénétrait souvent dans le filet après avoir dévié sur les jambières de cricket des gardiens de but. Il a donc entrepris d'améliorer cet équipement en se servant des outils de son métier.

En 1924, Percy Thompson, le propriétaire des Tigers de Hamilton, a demandé à Pop de réparer les jambières de son gardien, Jake Forbes. L'équipe des Tigers n'avait jamais été bien bonne, mais aussitôt que Forbes a commencé à porter les nouvelles jambières de Kenesky, l'équipe s'est mise à remporter des victoires. La réputation de Pop s'est vite répandue dans la LNH.

Les jambières de Pop Kenesky étaient faites de cuir rembourré de poils de chevreuil et de kapok, une fibre soyeuse provenant des graines de plantes tropicales. Comme Pop fabriquait toutes les jambières à la main, il mettait beaucoup de temps à les confectionner, mais tous les meilleurs gardiens voulaient s'en procurer une paire. Alors Pop a continué à en fabriquer, travaillant huit heures par jour à son atelier, et ce, jusqu'à l'âge de 86 ans.

Les jambières Kenesky sont demeurées populaires dans la LNH jusqu'à l'apparition de nouveaux matériaux, au début des années 1990. Fabriquées à plus grande échelle, les nouvelles jambières sont plus légères et restent sèches plus longtemps. Aujourd'hui encore, à Hamilton, un magasin Kenesky Sports vend des équipements de gardien de but, mais le magasin n'appartient plus à la famille Kenesky et on n'y fabrique plus d'équipements.

Question de nom

Lorsqu'une équipe de Pittsburgh a fait son entrée dans la LNH en 1967, elle a adopté le nom « Penguins » à la suite d'un concours visant à trouver un symbole pour l'identifier.

La fin d'une époque

Le 16 octobre 1960, Jerry Toppazzini, des Bruins de Boston, est devenu le dernier joueur de position utilisé comme gardien de but dans un match de la LNH et le premier à devoir ainsi assumer la relève depuis 1941. Il restait moins de 30 secondes à jouer lorsque le gardien Don Simmons, des Bruins, a été blessé à l'œil par un tir d'Eric Nesterenko, des Blackhawks de Chicago. Boston perdait 5 à 2. Plutôt que d'attendre que le gardien de réserve des Hawks ne revête son équipement, l'entraîneur a demandé à Toppazzini de s'improviser gardien de but. Ce dernier n'a eu aucun tir à repousser.

Le savais-tu?

Le premier gardien de but à marquer réellement un but, en lançant la rondelle d'un bout à l'autre de la patinoire dans un filet désert, a été Ron Hextall, des Flyers de Philadelphie. Hextall a marqué après que les Bruins de Boston ont retiré leur gardien, dans les derniers instants du match du 8 décembre 1987. Hextall a de nouveau réussi l'exploit, deux ans plus tard, dans un match éliminatoire contre les Capitals de Washington. Depuis, plusieurs autres gardiens ont aussi marqué un but. Certains, comme Hextall, ont eux-mêmes lancé la rondelle dans le filet, mais d'autres, dont Billy Smith, ont simplement été le dernier joueur de leur équipe à toucher la rondelle avant qu'un adversaire la fasse dévier dans son propre filet.

Les chroniques de la coupe

King Clancy est l'unique joueur à avoir évolué aux six positions pendant un match de la Coupe Stanley. Le 31 mars 1923, alors qu'il jouait avec les Sénateurs d'Ottawa, il a commencé le match au centre, puis a joué comme défenseur droit et défenseur gauche, avant d'être utilisé à chacune des deux ailes. Lorsque le gardien Clint Benedict a écopé d'une pénalité, Clancy s'est retrouvé devant le filet pendant deux minutes.

Merci d'être venu

Le gardien Robbie Irons s'attendait à passer la soirée sur le banc lorsque les Blues de St. Louis l'ont rappelé des ligues mineures, pour le match du 13 novembre 1968. Après tout, la liste des joueurs comprenait deux gardiens qui allaient, plus tard, être nommés au Temple de la renommée : Jacques Plante, qui était blessé, et Glenn Hall. Toutefois, après seulement deux minutes de jeu, ce dernier s'est querellé avec l'arbitre et a écopé d'une punition de match pour inconduite.

L'entraîneur Scotty Bowman, persuadé qu'Irons n'était pas prêt à jouer, a demandé à la jeune recrue de retarder le jeu afin de donner le temps à Plante d'aller revêtir son équipement. Cependant, menacé par l'arbitre d'une pénalité pour avoir délibérément retardé le jeu, Bowman a dû finalement envoyer Irons devant le filet. Le moment de gloire d'Irons n'a duré que trois minutes (au cours desquelles il n'a repoussé aucun tir) puisque Plante était prêt à jouer à 5 min 1 sec de la première période. Irons a passé 12 autres saisons dans les ligues mineures, mais n'a pas eu d'autres occasions de jouer dans la LNH.

Le savais-tu?

Le 31 mars 1994, Christian Soucy a gardé le filet des Blackhawks de Chicago pendant trois minutes. Cela a été son unique participation à un match de la LNH. Soucy et Robbie Irons auront donc connu les plus courtes carrières de l'histoire de la LNH. Toutefois, Soucy a joué pendant exactement 3 minutes et 21 secondes tandis qu'Irons n'a joué que pendant trois minutes et une seconde.

La grande Hayley

En décembre 2007, Hayley Wickenheiser est devenue la première joueuse de hockey à être proclamée athlète féminine au Canada. Wickenheiser a succédé à Cassie Campbell comme capitaine de l'équipe nationale de hockey féminin en

2007 et a aidé le Canada à reconquérir le championnat mondial, détenu, à ce moment-là, par l'équipe américaine. Hayley a marqué huit buts et récolté six mentions d'aide en cinq matchs, et elle a été proclamée la joueuse la plus utile à son équipe.

Question de nom

En 1924, Boston est devenue la première ville américaine de la LNH. Le propriétaire de l'équipe, Charles Adams, a décidé de doter son équipe des mêmes couleurs que les enseignes de sa chaîne d'épiceries, soit le brun et le jaune. Aujourd'hui, les couleurs des Bruins sont le noir et le jaune.

Adams a organisé un concours afin de donner un nom à son équipe. Il avait une idée précise du genre de nom qu'il souhaitait : il voulait identifier l'équipe à un animal à la fois indompté, gros, fort, féroce et intelligent. Et tant mieux si l'animal en question était brun. Le choix s'est arrêté sur le nom « Bruins ». Le mot *bruin* était parfois utilisé dans les contes et les fables pour désigner un ours.

Le savais-tu?

Les Bruins de Boston ont bouclé le calendrier de 44 matchs de la saison 1929-1930 avec une fiche de 38-5-1, ce qui équivaudrait, dans le calendrier actuel de 82 matchs, à une saison de 144 points (70-10-2). Les Bruins n'avaient pas subi deux défaites consécutives de toute la saison... avant d'atteindre la finale de la Coupe Stanley. Le Canadien les a battus deux fois de suite pour enlever les honneurs de la série deux de trois. Par la suite, la finale est devenue une série trois de cinq jusqu'à la mise en place, en 1939, de la formule actuelle de la série quatre de sept.

Les chroniques de la coupe

Le nom de Hal Winkler a été gravé sur la Coupe Stanley de 1929, avec ceux des joueurs des Bruins de Boston, même s'il n'avait pas joué une seule minute de toute la saison avec l'équipe! Winkler faisait partie des Bruins en 1927-1928, mais avait été relégué dans les ligues mineures en 1928-1929. Son nom a quand même été gravé sur la coupe, en sa qualité de gardien de réserve des Bruins.

Le jeu se poursuit...

Toronto et Boston ayant été les deux meilleures équipes de la LNH en 1932-1933, il n'était pas surprenant que leur série de demi-finales soit chaudement disputée. D'ailleurs, les trois premiers matchs, de même que le cinquième et dernier match disputé le 3 avril 1933, ont nécessité une prolongation.

Le soir du cinquième match, les deux équipes ont joué pendant trois périodes supplémentaires de 20 minutes, soit l'équivalent d'un match complet, sans qu'aucun but soit marqué. Finalement, à la quatrième période de prolongation, King Clancy, des Maple Leafs, a logé la rondelle derrière le gardien Tiny Thompson... juste après que l'arbitre a signalé l'arrêt du jeu.

Après une cinquième période supplémentaire sans but, le président de la LNH à cette époque, Frank Calder, a suggéré qu'on choisisse l'équipe victorieuse en tirant à pile ou face. Quelqu'un d'autre a suggéré que le match se poursuive sans gardiens de but. À bout de forces, les joueurs ont quand même décidé de continuer à jouer jusqu'à ce qu'un but soit marqué.

Finalement, après 4 min 30 s de la sixième période supplémentaire, Ken Doraty, des Maple Leafs, a reçu une passe de son coéquipier Andy Blair, a déjoué les défenseurs des Bruins et a marqué! Les Maple Leafs ont remporté la victoire, 1 à 0, après 104 min et 46 s de prolongation.

Un seul autre match dans l'histoire de la LNH a duré plus longtemps que celui-là. En 1936, les Maroons de Montréal ont eu raison des Red Wings de Detroit après 116 min et 30 s de prolongation.

Le savais-tu?

De nos jours, pour voir son nom gravé sur la Coupe Stanley, un joueur doit disputer un minimum de 40 matchs en saison régulière ou participer à un match de la série finale. Si un joueur ne répond pas à ces conditions, son équipe peut demander à la LNH la permission d'ajouter son nom au trophée.

Question de nom

Les Sharks de San Jose ont fait leur entrée dans la LNH en 1991-1992. Comme ce fut le cas pour de nombreuses autres équipes, le nom « Sharks » a été choisi à l'issue d'un concours. La région de la baie de San Francisco, où se situe San Jose, compte de nombreux organismes de recherche sur les requins (*sharks*, en anglais).

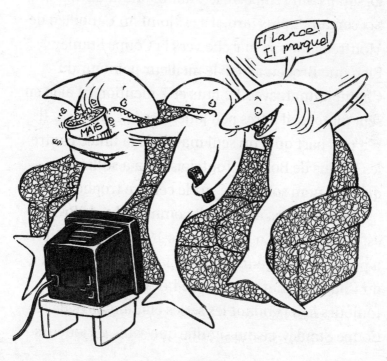

Unique en son genre

Un seul joueur dans toute l'histoire du hockey, Connie Broden, a remporté la médaille d'or au Championnat mondial de hockey et la Coupe Stanley la même année. Broden jouait avec les Dunlops de Whitby (qui représentaient le Canada) lorsqu'ils ont remporté le Championnat en 1958. Six semaines plus tard, il s'est joint au Canadien de Montréal dans sa marche vers la Coupe Stanley. Bien que Broden ait été le meilleur pointeur du Championnat, avec 12 buts et 7 mentions d'aide en sept matchs, il a très peu joué avec le Canadien. Il n'a pris part qu'à un seul match de la finale contre les Bruins de Boston. Toutefois, cela a suffi pour que son nom soit gravé sur le célèbre trophée.

De nos jours, un exploit comme celui de Broden est irréalisable. En effet, depuis 1977, année où on a permis aux joueurs actifs de la LNH de participer au Championnat mondial de hockey, celui-ci a toujours lieu pendant les séries éliminatoires de la Coupe Stanley, ce qui signifie que seuls les joueurs des équipes exclues des séries (ou éliminées au premier tour) ont l'occasion d'y participer.

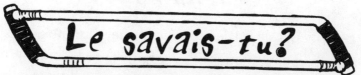

Le savais-tu?

Comme de nombreux joueurs étaient enrôlés dans les forces armées durant la Seconde Guerre mondiale, la LNH a étudié la possibilité d'interrompre ses activités avant le début de la saison 1942-1943. Cependant, les autorités gouvernementales canadiennes et américaines lui ont demandé de ne pas le faire. Elles soutenaient que le hockey était bon pour le moral des troupes et des membres de leurs familles.

Entrée en scène de la LNH

Les joueurs de hockey professionnels ont été admis aux Jeux olympiques d'hiver pour la première fois en 1988, mais ce n'est que depuis les Jeux de Nagano, au Japon, en 1998, que la LNH s'intéresse aux Olympiques de plus près. En février 1998, la LNH a fait relâche pendant deux semaines afin de permettre à ses joueurs de faire partie de l'équipe nationale de leur pays.

L'exploit de Joe

Joe Thornton est devenu le premier joueur de l'histoire à remporter le championnat des pointeurs au cours d'une saison où il avait fait l'objet d'un échange. Thornton a entrepris la saison 2005-2006 avec les Bruins de Boston et l'a terminée avec les Sharks de San Jose. À la fin de la saison, il avait cumulé 125 points, deux de plus que Jaromir Jagr, et a donc remporté le trophée Art Ross.

Les chroniques de la coupe

Lorsque Scott Niedermayer a gagné la Coupe Stanley pour la première fois avec les Devils du New Jersey, en 1995, il a emporté la coupe dans sa ville natale de Cranbrook, en Colombie-Britannique, et a escaladé, avec elle, une montagne qui se dresse près de la ville. Lorsque Scott et son frère Rob ont gagné la coupe avec les Ducks d'Anaheim, en 2007,

ils se sont rendus en hélicoptère au sommet du glacier Bull Mountain, où ils se sont fait photographier avec la coupe.

Scott et Rob Neidermayer levant la coupe à Bull Mountain.

11

Le savais-tu?

Le hockey a fait sa première apparition aux Jeux olympiques, dans le cadre des Jeux d'été de 1920. En réalité, il faisait partie d'un festival des sports qui avait lieu juste avant le début des Jeux olympiques d'été à Antwerp, en Belgique. Les Falcons de Winnipeg représentaient le Canada. Ils ont gagné la médaille d'or après avoir battu la Tchécoslovaquie 15 à 0, les États-Unis 2 à 0 et la Suède 12 à1.

La crème des gardiens

En blanchissant les Stars de Dallas 2 à 0, le 26 décembre 2001, Patrick Roy est devenu le premier gardien de but de l'histoire de la LNH à remporter 500 victoires. En fin de carrière, Roy présentait une fiche de 551 victoires : 289 avec le Canadien de Montréal et 262 avec l'Avalanche du Colorado. Il est l'unique gardien de but à revendiquer 200 victoires ou plus avec deux équipes différentes.

Dans sa jeunesse à Montréal, Martin Brodeur idolâtrait Patrick Roy. Le 17 novembre 2006, il a rejoint son héros d'enfance dans le club sélect des 500 victoires. Même s'il a perdu trois matchs de suite avant de signer sa 500e victoire, Brodeur a atteint le plateau plus vite que Roy. Roy a remporté sa 500e victoire à son 933e match, tandis que Brodeur l'a fait à son 900e.

Femmes en or

Le hockey féminin a fait son entrée aux Jeux olympiques d'hiver à Nagano, au Japon, en 1998. Auparavant, il y avait eu, entre 1990 et 1997, quatre Championnats mondiaux de hockey féminin et, chaque fois, le Canada avait vaincu les États-Unis en finale. Les deux pays ont de nouveau croisé le fer lors du match pour la médaille d'or aux Jeux de Nagano, mais, cette fois, ce sont les Américaines qui ont eu le dernier mot. Par la suite, l'équipe féminine canadienne a remporté la médaille d'or en 2002 et en 2006.

Elle a de qui tenir

Gillian Apps s'est jointe à l'équipe canadienne aux Mondiaux féminins de 2004 et est devenue l'une des meilleures marqueuses de l'équipe aux Jeux olympiques de 2006. On lui a prêté beaucoup attention parce qu'elle fait partie d'une célèbre famille de joueurs de hockey. Son grand-père, Syl

Apps, membre du Temple de la renommée du hockey, a brillé avec les Maple Leafs de Toronto dans les années 1930 et 1940, en plus de remporter trois fois la Coupe Stanley. Le père de Gillian, Syl Apps fils, a fait sa marque avec les Penguins de Pittsburgh, dans les années 1970.

Le savais-tu?

Le plus grand nombre de buts enregistrés par une équipe lors d'un jeu blanc est de 15. Les Red Wings ont réussi l'exploit le 23 janvier 1944 en écrasant les Rangers de New York 15 à 0.

Quatre des six frères Sutter (Brian, Darryl, Duane et Brent) sont devenus entraîneurs dans la LNH. Brian Sutter est le seul de l'histoire de la LNH à revendiquer 300 victoires comme entraîneur, après avoir marqué 300 buts comme joueur.

La famille Staal

La prochaine famille célèbre dans le monde du hockey pourrait bien être celle des Staal, de Thunder Bay, en Ontario. Plus jeunes, Eric, Marc, Jordan et Jared Staal ont tous joué au hockey ensemble, sur une patinoire aménagée derrière la résidence familiale par leur père.

L'aîné des frères, Eric, évolue avec les Hurricanes de la Caroline, qui en ont fait le deuxième choix du repêchage en 2003. Eric a fait le saut dans la LNH directement des rangs juniors en 2003-2004. En 2005-2006, il était déjà devenu l'un des meilleurs jeunes joueurs, terminant au huitième rang des pointeurs, avec une fiche de 45 buts et 100 points. Au cours des séries éliminatoires, Eric a dominé la colonne des pointeurs avec 28 points en 26 matchs, et les Hurricanes ont remporté la Coupe Stanley pour la première fois de leur histoire.

Peu de temps après, Jordan est lui aussi devenu le deuxième choix au total du repêchage amateur. À l'instar de son frère, Jordan est passé directement à la LNH. Il a marqué 29 buts à sa première saison avec les Penguins de Pittsburgh, en 2006-2007.

Marc, d'un an l'aîné de Jordan, a mis un peu plus de temps à atteindre la LNH. Les Rangers de New York en avaient fait le 12e choix du repêchage de 2005, mais il a fait son entrée dans la LNH en 2007-2008 seulement.

Jared est le cadet des frères Staal. Après deux saisons avec les Wolves de Sudbury, il sera l'un des jeunes joueurs les plus convoités au repêchage de 2008.

Les jumeaux

Non seulement plusieurs frères ont-ils évolué ensemble dans la LNH, mais il y a eu aussi cinq paires de jumeaux!

Les premiers jumeaux à avoir évolué dans la LNH ont été les deux plus jeunes des six frères Sutter. Rich et Ron Sutter ont fait leurs débuts en 1982-1983, Rich avec les Penguins de Pittsburgh et Ron avec les Flyers de Philadelphie. Ils se sont affrontés 17 fois au cours de leur carrière, mais ont aussi été coéquipiers pendant deux saisons avec les Blues de St. Louis.

Patrick Sundstrom a fait ses débuts avec les Canucks de Vancouver au cours de la saison où les jumeaux Sutter ont commencé leur carrière. Un an plus tard, en 1983-1984, le jumeau de Patrick, Peter, s'est joint aux Rangers de New York. Les jumeaux Sundstrom, qui ont joué 18 fois l'un contre l'autre, ont aussi été coéquipiers avec les Devils du New Jersey, en 1989-1990.

Les jumeaux Chris et Peter Ferraro ont évolué sporadiquement dans la LNH entre 1995 et 2002. Ils ont été coéquipiers pendant presque toute leur courte carrière et n'ont jamais disputé un match l'un contre l'autre. C'est également le cas des jumeaux Daniel et Henrik Sedin, tous les deux membres des Canucks de Vancouver depuis la saison 2000-2001,

La plus récente paire de jumeaux à avoir fait son entrée dans la LNH est celle d'Henrik et Joel Lundqvist. Le 14 décembre 2006, Henrik était devant le filet des Rangers de New York, qui affrontaient les Stars de Dallas. Ce soir-là, le frère jumeau d'Henrik, Joel, jouait au centre pour les Stars. Les frères Lundqvist sont devenus les troisièmes jumeaux à jouer l'un contre l'autre, mais c'était la première fois que l'un était gardien de but et l'autre, attaquant.

Sidney Sittler?

Sidney Crosby a un surnom plutôt inusité : Darryl, comme dans Darryl Sittler. Il a hérité de ce surnom lors de son premier match hors-concours avec l'Océanic de Rimouski, de la Ligue de hockey junior majeur du Québec. Ce jour-là, Crosby a marqué quatre buts et obtenu quatre mentions d'aide. Les gens ont commencé à l'appeler Darryl, en raison de la fiche de ce dernier dans la LNH.

Darryl Sittler, des Maple Leafs de Toronto.

Le savais-tu?

Le record de la LNH pour le plus grand nombre de points récoltés par un joueur au cours d'un match est de 10. Darryl Sittler a marqué six buts et obtenu quatre mentions d'aide le 7 février 1976, lorsque les Maple Leafs de Toronto ont défait les Bruins de Boston 11 à 4.

L'or et la coupe

En 1980, le défenseur Ken Morrow est devenu le premier joueur à remporter, la même année, une médaille d'or olympique et la Coupe Stanley. En février, Morrow a fait partie de l'équipe américaine, qui a remporté la médaille d'or aux Jeux de Lake Placid, puis, en mai, il a aidé les Islanders de New York à conquérir la Coupe Stanley.

En chiffres

Le record du plus grand nombre de buts marqués par une équipe dans un match de la LNH appartient au Canadien de Montréal.

Buts	Équipe (pointage)
21	Canadien de Montréal 14, St. Patricks de Toronto 7
	Oilers d'Edmonton 12, Blackhawks de Chicago 9
20	Oilers d'Edmonton 12, North Stars du Minnesota 8
	Maple Leafs de Toronto 11, Oilers d'Edmonton 9
19	Wanderers de Montréal 10, Arenas de Toronto 9
	Canadien de Montréal 16, Bulldogs de Québec 3
	Canadien de Montréal 13, Tigers de Hamilton 6
	Bruins de Boston 10, Rangers de New York 9
	Red Wings de Detroit 10, Bruins de Boston 9
	Canucks de Vancouver 10, North Stars du Minnesota 9

Le 3 mars 1920, le Canadien a battu les Bulldogs de Québec 16 à 3. Voici un aperçu des matchs au cours desquels le plus grand nombre de buts ont été marqués dans la LNH.

Date

10 janvier 1920

11 décembre 1985

4 janvier 1984

8 janvier 1986

19 décembre 1917

3 mars 1920

26 février 1921

4 mars 1944

16 mars 1944

7 octobre 1983

Le magicien Malkin

Lorsque Evgeni Malkin a fait ses débuts avec les Penguins de Pittsburgh, en 2006-2007, il a établi un record de l'ère moderne pour une recrue en marquant un but à chacun de ses six premiers matchs dans la LNH. Personne n'avait jamais commencé sa carrière dans la LNH avec un tel score depuis la première saison de la ligue de 1917-1918!

Un vrai Stastny

Paul Stastny s'est vite imposé lors de sa première saison avec l'Avalanche du Colorado, en 2006-2007. Il a même établi un record de la LNH pour une recrue en récoltant un point dans 20 matchs consécutifs, du 3 février au 17 mars 2007. Stastny a terminé sa première saison avec 28 buts et 50 mentions d'aide. Ses 78 points le placent au quatrième rang des meilleures recrues de l'histoire de l'Avalanche. Qui ont été les autres recrues de cette équipe à amasser plus de points que Paul Stastny? Son père Peter et ses oncles Anton et Marion, lorsque l'équipe était connue sous le nom des Nordiques de Québec!

Question de nom

L'Avalanche du Colorado portait le nom « Nordiques de Québec » à son arrivée dans l'Association mondiale de hockey. Les Nordiques sont passés à la LNH en 1979, puis ont déménagé à Denver avant la saison 1995-1996. L'équipe a été rebaptisée « Avalanche du Colorado » en l'honneur des Rocheuses, des montagnes majestueuses. Plusieurs années auparavant, Denver avait été représentée dans la LNH par les Rockies du Colorado.

En chiffres

Séquences les plus longues de matchs consécutifs avec un point

51 matchs	Wayne Gretzky, Oilers d'Edmonton
46 matchs	Mario Lemieux, Penguins de Pittsburgh
39 matchs	Wayne Gretzky, Oilers d'Edmonton
30 matchs	Wayne Gretzky, Oilers d'Edmonton
	Mats Sundin, Nordiques de Québec

Séquences les plus longues de matchs consécutifs avec un but

16 matchs	Punch Broadbent, Sénateurs d'Ottawa
14 matchs	Joe Malone, Canadien de Montréal
13 matchs	News Lalonde, Canadien de Montréal
	Charlie Simmer, Kings de Los Angeles
12 matchs	Cy Denneny, Sénateurs d'Ottawa
	Dave Lumley, Oilers d'Edmonton
	Mario Lemieux, Penguins de Pittsburgh

1983-1984
1989-1990
1985-1986
1982-1983
1992-1993

1921-1922
1917-1918
1920-1921
1979-1980
1917-1918
1981-1982
1992-1993

En chiffres

Séquences les plus longues de matchs consécutifs avec une aide

23 matchs	Wayne Gretzky, Kings de Los Angeles
18 matchs	Adam Oates, Bruins de Boston
17 matchs	Wayne Gretzky, Oilers d'Edmonton
	Paul Coffey, Oilers d'Edmonton
	Wayne Gretzky, Kings de Los Angeles
16 matchs	Jaromir Jagr, Penguins de Pittsburgh

1990-1991
1992-1993
1983-1984
1985-1986
1989-1990
2000-2001

**Wayne Gretzky avec les trophées Hart
et Art Ross.**

Entré dans l'histoire... deux fois

Le 11 octobre 2007, Mats Sundin est devenu le plus grand marqueur de l'histoire des Maple Leafs de Toronto. En réalité, le capitaine des Leafs a battu le record à deux reprises, au cours du même match! En quelque sorte...

Avec ses 389 buts et ses 916 points, Sundin avait déjà égalé le record de Darryl Sittler lorsqu'il a commencé le match, ce soir-là. En deuxième période, une mention d'aide a été accordée à Sundin, ce qui portait son total à 917 points. Le match a été interrompu pendant de longues minutes pendant que les partisans des Leafs applaudissaient à tout rompre. Mais il y avait un hic : Sundin savait qu'il n'avait pas touché la rondelle et qu'il ne méritait pas cette mention d'aide. La mention d'aide (et donc le record) lui a été retirée au début de la troisième période, mais Sundin n'a mis que quelques minutes à rétablir la situation. Il a marqué un but et, du coup, a établi

de nouveaux records pour le nombre de buts (390)
et le nombre de points (917).

Les trois étoiles

Le soir où il est devenu le meilleur marqueur de
l'histoire des Maple Leafs, Mats Sundin a reçu la
première, la deuxième et la troisième étoile du
match. Plusieurs années auparavant, le 23 mars
1944, le légendaire
Maurice « Rocket »
Richard avait obtenu
trois étoiles après
avoir marqué tous les
buts du Canadien
dans une victoire de
5 à 1 contre les
Maple Leafs de
Toronto.

**Le match terminé, Sundin salue
la foule.**

En chiffres

La formation de 1976-1977 du Canadien de Montréal détient toujours le record de 132 points en une saison, même si son record de 60 victoires a été surpassé. Voici un aperçu des équipes ayant obtenu le plus de victoires et de celles ayant subi le plus de défaites :

Le plus grand nombre de victoires

62	Red Wings de Detroit
60	Canadien de Montréal
59	Canadien de Montréal

Le plus grand nombre de défaites

71	Sharks de San Jose
70	Sénateurs d'Ottawa
67	Capitals de Washington

	gagnés-perdus-nuls
1995-1996	(62-13-7, 131 points)
1976-1977	(60-8-12, 132 points)
1977-1978	(59-10-11, 129 points)
1992-1993	(11-71-2, 24 points)
1992-1993	10-70-4, 24 points)
1974-1975	(8-67-5, 21 points)

Les malheurs des visiteurs

Deux équipes de l'ère moderne de la LNH ont obtenu une seule victoire sur la patinoire de l'adversaire, au cours d'une saison. Ces deux équipes de l'expansion en étaient à leur première saison. La fiche des Capitals de Washington de 1974-1975 pour les matchs joués à l'extérieur a été de 1-39-0, tandis que celle des Sénateurs d'Ottawa de 1992-1993 a été de 1-41-0.

Les chroniques de la coupe

Tout jeune, à Montréal, le gardien des Devils du New Jersey, Martin Brodeur, jouait au hockey dans la rue avec ses amis. Les garçons faisaient semblant de se disputer la Coupe Stanley. C'est pourquoi, lorsque Brodeur a remporté sa première Coupe Stanley en 1995, il a emporté le trophée à Montréal et a réuni ses amis d'enfance pour un match dans la rue, à l'issue duquel les vainqueurs allaient pouvoir se promener en portant le précieux trophée sur leurs épaules. L'équipe de Brodeur a subi la défaite ce jour-là, mais lorsque Brodeur a de nouveau remporté la coupe en 2000, il a organisé un nouveau match. Et cette fois, c'est son équipe qui est sortie victorieuse!

Le premier Japonais

Le 13 janvier 2007, Yutaka Fukufuji est devenu le premier joueur originaire du Japon à participer à un match de la LNH. Gardien de but des Kings de Los Angeles, il a été devant le filet au cours de la troisième période d'un match contre les Canucks de Vancouver. Trois jours plus tard, c'est lui qui a amorcé le match contre les Thrashers d'Atlanta.

Fukufuji est né le 17 septembre 1982, à Tokyo. Il évoluait au sein de l'équipe Kokudo de Tokyo, de la ligue de hockey de l'Asie, lorsque les Kings l'ont réclamé au repêchage amateur de 2004.

La LNH outre-mer

C'est au Japon qu'ont eu lieu les premiers matchs de la LNH disputés à l'extérieur de l'Amérique du Nord. Les Canucks de Vancouver et les Ducks d'Anaheim ont amorcé la saison 1997-1998 en s'affrontant au cours de deux matchs, au Yoyogi Arena de Tokyo. La saison suivante, les Sharks de San Jose et les Flames de Calgary ont, eux aussi, inauguré la saison dans la capitale japonaise.

Dix ans après leur voyage au Japon, les Ducks ont pris part aux premiers matchs de la saison régulière de la LNH disputés en Europe. Les Ducks d'Anaheim et les Kings de Los Angeles ont disputé les deux premiers matchs de la saison 2007-2008 au O2 Arena de Londres, en Angleterre.

Des joueurs frères

Quatre paires de frères ont déjà participé à un même match de la LNH! Il s'agissait du match du 1er décembre 1940 entre les Rangers de New York et les Blackhawks de Chicago. Lynn et Muzz Patrick, et Neil et Mac Colville jouaient tous dans l'équipe des Rangers, tandis que Doug et Max Bentley, et Bob et Bill Carse jouaient pour les Blackhawks.

Né aux États-Unis

Le premier joueur américain à être réclamé au tout premier rang du repêchage de la LNH a été Brian Lawton, en 1983. Les North Stars du Minnesota en ont fait le premier choix lorsqu'il a fini ses études collégiales. Lawton a été le premier, et le seul, joueur issu du hockey collégial à devenir le tout premier choix du repêchage de la LNH.

Le savais-tu?

La première séance de repêchage de la LNH a eu lieu en 1963. Vingt et un joueurs seulement ont été réclamés cette année-là, mais cela n'a pas été le plus court repêchage de l'histoire de la LNH. Seulement 18 joueurs ont été réclamés en 1967 et seulement 11 en 1965.

Choix imaginaire

Lors du repêchage amateur de 1974, le directeur général des Sabres de Buffalo, Punch Imlach, a réclamé un joueur japonais imaginaire. Tara Tsujimoto était censé être un centre des Kanatas de Tokyo, de la Ligue de hockey du Japon. Les Sabres en avaient fait leur choix de 11e tour, le 183e au total. Quelques semaines plus tard, la LNH a découvert que Tsujimoto n'existait pas vraiment. Imlach a par la suite avoué avoir fait le coup pour se moquer du repêchage qui traînait en longueur. Aujourd'hui, dans les annales de la LNH, le 183e choix du repêchage de 1974 porte la mention « choix invalide ».

Le savais-tu?

Lorsqu'il portait les couleurs des Red Wings de Detroit, Gordie Howe participait fréquemment à l'exercice au bâton des Tigers de Detroit.

Toute une première pour Luongo!

Après six saisons dans la LNH, Roberto Luongo n'avait jamais eu la chance de participer aux séries éliminatoires. Lorsque le grand jour est enfin arrivé, le gardien des Canucks de Vancouver a fait les choses de belle façon.

À son premier match des séries, le 11 avril 2007, Luongo a reçu plus de tirs que tout autre gardien à son baptême des séries éliminatoires.

Bombardé de 76 tirs par les Stars de Dallas, il a aidé son équipe à l'emporter 5 à 4, à la quatrième période de prolongation. En repoussant 72 fois la rondelle, Luongo s'est trouvé à un arrêt près du record pour un match des séries, établi par Kelly Hrudy, des Islanders de New York, le 18 avril 1987, face aux Capitals de Washington.

La fierté de la Suède

Le premier joueur européen à devenir le tout premier choix du repêchage de la LNH a été Mats Sundin, lorsqu'il a été réclamé par les Nordiques de Québec en 1989.

Des premiers de la Russie

Ilya Kovalchuk est devenu le premier joueur russe à être choisi au premier rang du repêchage de la LNH lorsque les Thrashers d'Atlanta l'ont réclamé en 2001. Le second joueur russe à devenir un premier choix de repêchage a été Alex Ovechkin, sélectionné par les Capitals de Washington en 2004.

Question de nom

Avant de s'établir à Calgary en 1980, la première équipe d'Atlanta dans la LNH portait le nom « Flames ». Au retour de la ville dans la LNH, le propriétaire Ted Turner a choisi le nom « Thrashers » parce que le moqueur brun (*brown thrasher*) est l'oiseau emblématique de l'État de la Géorgie, dont Atlanta est la capitale.

La coupe Memorial est le trophée remis à l'équipe qui remporte le championnat de hockey junior au Canada. L'Association de hockey de l'Ontario a fait don de cette coupe en 1919, à la mémoire des nombreux joueurs de hockey canadiens tués pendant la Première Guerre mondiale.

Le tout premier

Le premier choix du tout premier repêchage de la LNH en 1963 a été Garry Monahan, réclamé par le Canadien de Montréal, à l'âge de 16 ans. Ce n'est que quatre ans plus tard qu'il a fait ses débuts dans la LNH. Monahan, qui n'a disputé que 14 matchs avec le Canadien, a tout de même connu une carrière de 12 saisons dans la LNH.

À n'en plus finir

Le repêchage de 2000 a été le plus long de l'histoire : 293 joueurs ont été réclamés en tout. Le dernier joueur réclamé, le Finlandais Lauri Kinos, n'a jamais joué dans la LNH.

Question de nom

Lorsqu'une équipe de Los Angeles s'est jointe à la LNH en 1967-68, Jack Kent Cooke, le propriétaire, l'a baptisée « Kings » parce qu'il voulait donner un air de royauté à son équipe.

Les chroniques de la coupe

Doug McKay a disputé un seul match au cours de sa carrière dans la LNH, mais c'était un match important. En aidant les Red Wings de Detroit à remporter la Coupe Stanley en 1950, McKay est devenu l'unique joueur de l'histoire à participer à son unique match dans la LNH lors de la finale de la Coupe Stanley.

Le savais-tu?

Seulement trois gardiens de but ont été des premiers choix au repêchage de la LNH : Michel Plasse (Montréal, 1968), Rick DiPietro (Islanders de New York, 2000) et Marc-André Fleury (Pittsburgh, 2003).

Question de nom

Lorsque la ville de Buffalo a été acceptée dans la LNH en 1970, les dirigeants de l'équipe ont organisé un concours afin de donner un nom à l'équipe. Ils ne voulaient pas d'une autre équipe représentée par un buffle ou un bison. Ils ont arrêté leur choix sur le nom « Sabres ». Le sabre était l'épée que portaient jadis les chefs militaires en guise d'arme.

Hockey ou baseball?

Dans sa jeunesse, Wayne Gretzky aimait le baseball encore plus que le hockey. Il a été lanceur et arrêt-court dans des équipes de Brantford, en Ontario. Déjà reconnu pour son immense talent au hockey, Gretzky a accordé des entrevues aux journalistes dès l'âge de 10 ans. À sa première entrevue, en 1971, il a dit qu'il aimerait jouer avec les A's d'Oakland, aux côtés de leur lanceur vedette Vida Blue.

Une affaire de frères

En 2007, Rob et Scott Neidermayer, des Ducks d'Anaheim, sont devenus les premiers frères à faire partie de la même équipe, au cours de la finale de la Coupe Stanley depuis Rich et Ron Sutter, avec les Flyers de Philadelphie, en 1985. Lorsque les Ducks ont remporté la coupe, les frères Neidermayer sont devenus les premiers frères à réussir l'exploit depuis Brent et Duane Sutter avec les Islanders de New York, en 1983.

Des frères qui s'affrontent en finale de la Coupe Stanley est un fait encore plus rare que des frères coéquipiers. Mais cette situation s'est déjà produite, et encore une fois, avec les Neidermayer. En 2003, Scott jouait avec les Devils du New Jersey lorsqu'ils ont battu les Ducks d'Anaheim, l'équipe de Rob. La dernière fois que des frères s'étaient affrontés en finale de la Coupe Stanley avait été en 1946, lorsque Ken Reardon avait aidé le Canadien de Montréal à vaincre les Bruins de Boston, l'équipe de son frère Terry.

Question de nom

Lorsque la LNH a ajouté une nouvelle équipe à New York, en 1972-1973, le nom « Islanders » a été choisi parce que l'équipe était établie à Long Island, en banlieue de New York.

Frères contre frères

Au deuxième tour des séries éliminatoires de 2007, Rob et Scott Neidermayer, des Ducks d'Anaheim, ont joué contre Henrik et Daniel Sedin, des Canucks de Vancouver. C'était la première fois depuis 1986 que deux équipes participant à une série avaient chacun, sur leur liste de joueurs, une paire de frères. En 1986, Peter et Anton Stastny, des Nordiques de Québec, avaient affronté Dave et Wayne Babych, des Whalers de Hartford.

En chiffres

Le record du plus grand nombre de buts en une saison a presque doublé depuis que Joe Malone en a marqué 44, au cours de la première saison de la LNH. Voici un aperçu de l'évolution du record au fil des années :

Buts	Joueur	Saison
44	Joe Malone	1917-1918
50	Maurice Richard	1944-1945
50	Bernard Geoffrion	1960-1961
50	Bobby Hull	1961-1962
54	Bobby Hull	1965-1966
58	Bobby Hull	1968-1969
76	Phil Esposito	1970-1971
92	Wayne Gretzky	1981-1982

Ces puissants Bruins

Bobby Orr n'avait que 18 ans lorsqu'il s'est joint aux Bruins de Boston en 1966. L'année suivante, Phil Esposito s'est aussi joint à l'équipe, après un échange. Leur présence n'a pas tardé à se faire sentir. Exclus des séries huit saisons de suite et n'ayant pas remporté la Coupe Stanley depuis 1941, les Bruins, menés par le duo Orr-Esposito, sont redevenus la meilleure équipe de la ligue et ont mis la main sur la Coupe Stanley en 1970 et en 1972.

En 1968-1969, Phil Esposito est devenu le premier joueur de l'histoire de la LNH à connaître une saison de 100 points. Cette année-là, il a remporté le trophée Art Ross avec 126 points. Toutefois, même si Esposito était un excellent joueur, nombreux sont ceux qui considèrent son coéquipier comme le plus grand joueur de tous les temps. Orr était non seulement un brillant défenseur, mais aussi l'un des meilleurs marqueurs. En fait, il est l'unique défenseur de l'histoire à avoir remporté le trophée Art Ross. Il a été couronné champion pointeur deux fois, en 1969-1970, puis en 1974-1975. Orr a aussi inscrit le but victorieux lorsque les Bruins ont remporté la coupe en 1970. Proclamé le joueur le plus utile à son équipe cette année-là, Orr a de nouveau remporté le trophée Conn Smythe en 1972.

Le savais-tu?

Odie Cleghorn, un joueur vedette dans les débuts du hockey, a été le premier entraîneur à changer ses trios pendant le déroulement du jeu. Cleghhorn a dirigé les Pirates de Pittsburgh de 1925 à 1929. À l'époque, la plupart des entraîneurs utilisaient leurs meilleurs joueurs, le plus longtemps possible pendant un match. Et ceux qui voulaient changer les joueurs attendaient toujours un arrêt du jeu pour le faire.

Quel duo!

En 2006-2007, la vedette des Penguins de Pittsburgh, Sidney Crosby, a remporté le trophée Art Ross avec une fiche de 120 points, tandis que son coéquipier Evgeni Malkin a mené le bal chez les recrues avec 85 points. C'était la première fois en 47 ans que deux joueurs de la même équipe étaient couronnés champion pointeur de la ligue et meilleur pointeur chez les recrues. Les deux derniers coéquipiers à signer pareil exploit avaient été Bobby Hull et Bill Hay, des Blackhawks de Chicago, en 1959-1960.

En chiffres

Wayne Gretzky a été couronné champion pointeur de la LNH plus souvent que tout autre joueur dans l'histoire de la LNH. Voici une liste de ceux qui ont remporté le trophée Art Ross le plus souvent :

Joueur	Trophées
Wayne Gretzky	10
Mario Lemieux	6
Gordie Howe	6
Jaromir Jagr	5
Phil Esposito	5
Stan Mikita	4

La terreur de Philadelphie

Les Flyers de Philadelphie formaient l'équipe la plus rude durant les années 1970. Comme leur aréna était situé sur la rue Broad à Philadelphie, les journalistes locaux les avaient surnommés les « Broad Street Bullies » (les tyrans de la rue Broad). Leurs partisans y voyaient de l'agressivité, mais les joueurs des autres équipes y voyaient plutôt de la méchanceté! Toutefois, les Flyers étaient talentueux. Ils ont remporté la Coupe Stanley en 1974 et en 1975. Lorsque les Ducks d'Anaheim ont gagné la Coupe Stanley en 2007, ils sont devenus la première équipe depuis les Flyers de 1975 à gagner la Coupe Stanley tout en étant l'équipe la plus pénalisée de la LNH.

Un, deux, trois

Pour la première fois de l'histoire de la LNH, en 2006-2007, les joueurs qui ont terminé premier, deuxième et troisième dans la course au championnat des compteurs ont tous été des premiers choix de repêchage. Sidney Crosby, gagnant du trophée Art Ross la même année, avait été le premier choix en 2005, tandis que Joe Thornton l'avait été en 1997, et Vincent Lecavalier, en 1998.

Question de nom

Le nom de la nouvelle équipe du Minnesota a été choisi plus de deux ans avant que l'équipe ne dispute son premier match dans la LNH. Le 22 janvier 1998, on a annoncé que l'équipe porterait le nom « Wild », qui rappellerait l'aspect sauvage de la région et l'enthousiasme débordant des amateurs de hockey du Minnesota.

La patience récompensée

Paul Coffey a reçu, deux années de suite, le trophée Norris remis au meilleur défenseur de la LNH, soit en 1984-1985 et 1985-1986. Il a remporté le trophée une troisième fois, neuf ans plus tard, en 1994-1995. Aucun autre joueur n'a jamais remporté un trophée une autre fois, après une attente aussi longue.

Joe Sakic est un autre joueur qui a patienté

longtemps avant de remporter un trophée. La vedette de l'Avalanche du Colorado en était à sa 13e saison, en 2000-2001, lorsqu'il a reçu le trophée Hart remis au joueur le plus utile à son équipe. Aucun autre récipiendaire du trophée Hart n'a joué aussi longtemps avant de remporter le trophée pour la première fois.

Le « Rocket » tient bon

Maurice Richard a détenu, pendant près de 50 ans, le record du plus grand nombre de buts marqués en prolongation, pendant les séries éliminatoires. À six occasions, entre 1946 et 1958, le « Rocket » a mené le Canadien de Montréal à une victoire en prolongation. Même si, de nos jours, les équipes disputent deux fois plus de matchs éliminatoires que du temps de Richard, il a fallu attendre jusqu'au 24 avril 2006 avant que Joe Sakic, de l'Avalanche du Colorado, batte le record en marquant un septième but en prolongation.

Pas facile à ébranler

Avant que Roberto Luongo ne participe à son premier match des séries éliminatoires, Jean-Sébastien Giguère, des Ducks d'Anaheim, était le gardien qui avait affronté le plus de tirs à son début en séries. Giguère avait repoussé 63 des 64 tirs des Red Wings de Detroit, dans une victoire de 2 à 1, en prolongation, le 10 avril 2003.

Cette victoire de Giguère marquait le début de l'une des séquences les plus remarquables de l'histoire des séries éliminatoires. Le gardien a remporté six autres victoires en prolongation, sans aucune défaite, durant les séries de 2003, puis a ajouté deux autres victoires en prolongation à sa participation suivante dans les séries, en 2006. Avant de finalement s'avouer vaincu en prolongation au premier tour des séries de 2007, Giguère avait établi un record de la LNH en jouant 197 minutes et 52 secondes de prolongation sans accorder un seul but, l'équivalent de près de 10 périodes – ou plus de trois matchs complets, et ce, au cours de la situation la plus stressante du hockey. Giguère ne s'est pas laissé abattre par la fin de sa séquence de victoires. Il a gagné quatre autres matchs en prolongation avant la fin des séries de 2007 pour aider les Ducks à remporter la Coupe Stanley pour la première fois.

Tout ou rien

Au printemps 2006, les Hurricanes de la Caroline ont remporté la Coupe Stanley aux dépens des Oilers d'Edmonton. L'année suivante, ni l'une ni l'autre des deux équipes n'a atteint les séries éliminatoires! C'était la première fois depuis 1926-1927 que les deux finalistes de la saison précédente rataient les séries.